AF233489

REVENDICATION

DES RECHERCHES ET TRAVAUX

SUR

PAULET DE NIMES

POUR SERVIR D'INTRODUCTION AU

PARALLÈLE

DE

VAUCANSON, DE PAULET ET DE JACQUARD,

AVEC LA RECTIFICATION DE QUELQUES ERREURS DANS
L'HISTOIRE DE CES TROIS ILLUSTRATIONS
INDUSTRIELLES.

Par M. Ph. HEDDE,

De l'Académie du Gard, et des Sociétés industrielles de Mulhouse;
St-Etienne, St-Quentin, etc.

PARIS

BAILLIERE, LIBRAIRE, RUE DE L'ECOLE-DE-MEDECINE.

1851.

La vie perdrait beaucoup de ses charmes, si on la dépouillait des jouissances que l'intelligence procure, surtout lorsque ces jouissances sont le résultat de nos études et le fruit de nos veilles. Ces *biens intellectuels* ne pourraient donc nous être enlevés sans blesser les lois de la propriété et par conséquent celles de la justice.

On sait qu'il y a plusieurs moyens de s'approprier les travaux de l'intelligence ou les *propriétés littéraires*.

Les uns ne se font pas scrupule de prendre une partie plus ou moins grande des ouvrages qui conviennent au sujet qu'ils se proposent de traiter;

D'autres, plus modestes, peu spéciaux et sacrifiant à leur paresse, ne craignent pas de réunir ce qu'ils ont pris de côté et d'autre, pour en composer leurs ouvrages, sans indiquer même les sources où ils ont puisé;

D'autres enfin, s'approprient seulement l'initiative des sujets, les pensées, les opinions d'autrui, en laissant de côté les formes que revêtent les idées, et cela avec moins de crainte de voir leurs larcins découverts par le lecteur peu attentif, souvent aussi peu spécial; mais le véritable auteur qui a créé, qui a travaillé son sujet d'une manière toute particulière, ne tarde pas à retrouver, à réclamer son bien partout où il le trouve.

Des considérations de ce genre nous avaient engagé, en 1846, à formuler quelques réclamations à l'Académie du Gard, relativement à l'initiative et à la propriété de quelques *essais* sur PAULET DE NIMES, les mêmes considérations nous engagent encore en 1851 à présenter les mêmes réclamations pour le même objet.

Dans les séances des 18 janvier, 1er et 15 février 1851, nous avons, comme en 1846, exposé les motifs de cette revendication, nous les avons appuyés par des preuves irrécusables; et, non content de cela, nous avons encore, comme en 1816, donné une grande publicité à nos réclamations en les faisant insérer dans un des journaux de Nimes, la *Gazette du Bas-Languedoc* des 21 février et 1er mars 1851.

Ces réclamations n'ayant donné lieu, jusqu'à présent, à aucune dénégation, ni de la part de l'Académie, ni de la part de M. *Rivoire*, nous avons dû présumer que les faits que nous avions avancés pouvaient être acceptés comme étant l'expression de la vérité.

Toutefois, en voyant la persistance de l'Académie à

vouloir essayer *d'amoindrir, d'anéantir* même, s'il était possible, *cette discussion,* nous avons cru qu'il était convenable de donner encore une plus grande publicité à nos réclamations. Tel est le but de cet opuscule.

Sans autre préambule, entrons en matière, après avoir cependant invoqué *l'Esprit-Saint,* qui donne l'intelligence, le discernement, la sincérité dans les écrits, afin qu'il daigne de ses divines lumières éclairer notre travail.

ACADÉMIE DU GARD.

Séance du 18 Janvier 1851.

I.

> « On ne devrait jamais avoir honte d'avouer ses torts, car faire de pareils aveux, c'est dire qu'on est plus sage aujourd'hui qu'on ne l'était hier.
>
> POPE.

MESSIEURS,

« Si aujourd'hui je prends la parole parmi vous, ce n'est pas pour soumettre à votre jugement de nouveaux mémoires et les résultats de nouveaux travaux ; c'est pour rappeler un droit violé, et notre assemblée attaquée dans un de ses membres.

» L'Académie avait pris en 1846 une décision ; on est revenu sur cette décision, sans même la consulter, au préjudice d'un de ses membres ; ce membre c'est moi. Cette décision et les motifs qui l'ont fait naître, je vais vous les rappeler en peu de mots:

» Il y a quelques années, trois biographies des hommes célèbres du Gard avaient été publiées; (1) je vis avec peine une lacune régner dans ces ouvrages et un nom manquer à l'admiration, à la reconnaissance publiques ; ce nom c'était celui de PAULET, DE NIMES, qui, dans les spécialités de l'industrie de la soie et du tissage, était parvenu à faire, d'une manière admirable et aussi complète que possible, ce que les d'Alembert, les Diderot et les éditeurs de la grande Encyclopédie n'avaient fait qu'ébaucher d'une manière bien incomplète.

» Il y avait déjà longtemps que j'avais vu l'ouvrage de Paulet, à St-Etienne, à Lyon, à Paris, à Londres, et j'avais for arqué que partout on l'estimait, on l'appréciait beaucoup. Je pensai dès-lors qu'il serait convenable et en même temps utile de donner une idée succincte et synoptique de cet ouvrage à la jeunesse industrielle, et à tous ceux que leurs occupations éloignent des longues lectures. D'ailleurs, plusieurs années de recherches et d'expériences et une vie consacrée tout entière à des études pratiques de ce genre, me faisaient penser que je pourrais avec un certain fruit étudier et analyser cet ouvrage.

» Persuadé, en même temps, que ce travail pourrait être aussi utile et profitable à un pays comme *le Gard* et les Cévennes, où l'industrie de la soie et la fabrication des tissus sont en si grand honneur ; voulant, enfin, en même temps, rendre l'hommage qui lui était dû à un talent trop longtemps oublié dans la ville où il avait reçu le jour ; je me proposai comme sujet de mémoire à l'académie du Gard, dont j'étais alors membre correspondant, une NOTICE BIOGRAPHIQUE SUR PAULET et la *Description analytique de son traité sur l'industrie de la soie et le tissage.*

» Je me mis donc à l'œuvre, je compulsai, j'analysai tout l'ouvrage de Paulet, et comparai la fabrication des tissus et l'industrie de la soie à cette époque avec celles de nos jours, et, enfin, je résumai, en 1837, le fruit de mes recherches et présentai à l'académie du Gard un *premier mémoire.*

» Accueilli favorablement, ce mémoire fut enregistré dans les archives de l'académie et mentionné honorablement dans les journaux de la localité, (2) puis dans le compte-rendu du secrétaire-perpétuel de l'académie, dans la séance publique de 1838, devant le conseil-général du département et, enfin, dans le rapport de la commission de surveillance de l'école de fabrication de Nimes. (3)

» Ce premier succès m'ayant encouragé, je redoublai d'efforts et présentai encore, en 1841, de nouveaux documents, accompagnés d'un exemplaire du précieux et rare ouvrage de Paulet, que l'académie accueillit encore avec la même bienveillance, promettant que la commission nommée à cet effet ferait tous ses efforts pour amener la réalisation des vœux de rémunération publique, que je formais en faveur de Paulet.

» Enfin, dans le courant de la même année, voulant répandre encore davantage dans le public les documents sur Paulet que j'avais pu recueillir, et dont j'avais offert, comme on le voit, les prémices à l'académie du Gard, je fis insérer dans un des journaux de Nimes, la *Gazette du Bas-Languedoc*, des 25 avril, 2 et 30 mai et 3 octobre 1841, UNE NOTICE assez étendue, dans laquelle j'essayai de donner une BIOGRAPHIE DE PAULET, *quelques considérations sur le travail de la soie et sur le*

tissage , et une analyse aussi complète que possible des divers.s
parties de son ouvrage.(1)

» Après des travaux aussi étendus, aussi spéciaux sur Paulet et sur son traité, je pouvais bien certainement avancer,
sans crainte d'être contredit , qu'à moi seul semblerait devoir
appartenir le mérite de l'initiative et l'honneur d'avoir, le
premier dans le Gard , essayé de mettre en lumière et d'étudier ce bienfaiteur des classes manufacturières et ouvrières,
et d'avoir réclamé pour lui , dès 1837, auprès de l'académie
et du département du Gard , auprès de Nimes, sa ville na-
tale , une bien juste, quoique bien tardive, rémunération publique.

» Je me trompais ; ces travaux, cette initiative , cet honneur, on me les a disputés en 1812 , en 1816 , on me les dis-
pute encore en 1850 , dans le sein même de l'académie du
Gard, dans cette même académie où, en 1837, j'avais apporté
le fruit de mes premiers essais sur Paulet.

» En effet , en 1812, quelques années après moi, M. RI-
VOIRE faisait insérer des *notices biographiques industrielles et
commerciales*, dans une STATISTIQUE DU GARD ;(5)

» En 1816 , il lisait dans les *Conférences scientifiques*, et
quelque temps après à l'académie du Gard dont il faisait partie , une *Notice supplémentaire sur Paulet*, (6) dans lesquelles
se servant de mes recherches , de mes observations, de mes
idées, avec tout le talent que vous lui connaissez , il donnait ,
comme venant de lui seul, des choses dans lesquelles j'avais
bien certainement le mérite de l'initiative et surtout d'une
spécialité incontestable.

» Aussi, l'académie du Gard fit-elle promptement justice
aux réclamations que je lui adressai à cette occasion; et lorsqu'il fut question d'insérer la Notice sur Paulet, de M. Rivoire , dans le volume des mémoires de 1816 , il fut décidé
que le travail de mon confrère ne serait point livré à la publicité ; parce qu'il avait déjà été imprimé dans le compte-
rendu des Conférences scientifiques du Gard, que, d'un autre côté , il traitait un sujet déjà connu , et reproduisait
des idées , des observations , des vœux émis bien longtemps
avant dans le sein même de l'académie; mais que pour com-
bler la lacune, je fournirais de suite un autre mémoire sur
un sujet analogue.

» Pour me conformer aux désirs de l'académie, je présentai un MÉMOIRE, sur une autre de nos illustrations industrielles négligée, mais encore vivant», sur le mécanicien, aussi
habile que modeste , GRÉGOIRE , fabricant de bas et de tissus à mailles fixes, à Nimes, dont les travaux ont si puissam-
ment contribué au perfectionnement de cette branche d'in-

dustrie non-seulement à Nimes et dans le département du Gard, mais encore à *Lyon*, à *St-Quentin*, et même en Angleterre, où l'application du mécanisme de *Jacquard* sur les métiers à mailles-fixes, avec le procédé de *Grégoire*, n'a pas tardé à opérer de grandes améliorations dans cette fabrication ; Grégoire enfin pour lequel je réclamais des encouragements, du pain et un asile à la fin de sa pénible et malheureuse carrière.

» Ce *mémoire* fut accueilli favorablement par l'académie, et imprimé, à la place de la notice de M. Rivoire, dans le volume de 1816, avec une *planche* servant à expliquer les divers systèmes de métiers de bas, de tulles et de broderies au métier pendant le tissage. (7)

» Les choses ainsi amiablement arrangées, j'espérais que tout serait fini sur cette affaire, et qu'il ne serait désormais plus question de Paulet à l'académie, ou que, si on venait à en parler encore, on le ferait d'une manière convenable pour moi, et toujours en rapport avec la décision de 1816.

» Jugez donc quel a été mon étonnement de voir, contrairement au règlement (8) et à la décision de l'académie, figurer, dans le volume de 1830, cette même Notice sur Paulet, de M. Rivoire, qu'on avait cependant rejetée en 1816, et de la voir placée, précisément, à côté du discours prononcé dans la séance publique annuelle de l'académie devant le conseil-général du département, par M. Rivoire lui-même, président de l'académie en 1830.

» Le domaine des sciences, des arts, du commerce et de l'industrie, n'est-il donc pas assez vaste, assez étendu pour que deux intelligences différentes, appartenant à la même société littéraire, ne puissent se restreindre dans les bornes de certaines études, se renfermer dans les limites de certaines spécialités, et ne puissent, enfin, y poursuivre leur route, sans être exposées à se rencontrer, à se heurter, à être dépouillées sans cesse ?... (9)

» Toutefois, quoi qu'il en soit, quelle que soit la cause de cette intempestive et déplorable erreur ; pour faire reconnaître mes droits, faire respecter la décision prise en ma faveur, en 1816, et éviter tout équivoque, non-seulement pour le présent, mais encore pour le passé et l'avenir ; je demande que dans le prochain Recueil académique il soit inséré une NOTE RECTIFICATIVE en ma faveur ; ou que, si vous l'aimez mieux encore, cette note, sous forme D'ERRATA, soit placée à la fin du volume de 1830 qui vient de paraître.

» Voilà, Messieurs, ce que j'ose espérer, non-seulement de votre bienveillance, mais encore de votre équité, et qu'en 1850, vous voudrez bien m'accorder, enfin, la justice que vous ne m'avez pas refusée en 1816. »

NOTES EXPLICATIVES ET JUSTIFICATIVES.

Les faits signalés dans cet écrit sont de la plus exacte vérité ; essayons de les expliquer, de les justifier encore davantage par les notes suivantes.

(1) Topographie de la ville de Nimes et de sa banlieue, par VINCENS et BAUMES, publiée avec des notes, par *Vincens-St-Laurent*, 1802.

Biographie morale de la France, département du Gard, AXDRAND. *de l'Allier*, 1829.

Lettres sur le Gard, par H. ROUX-FERRAND. 1837.

(2) *Gazette du Bas-Languedoc*, du 3 septembre 1837.

(3) *Gazette du Bas-Languedoc*, du 26 août 1838.

(4) LA NOTICE SUR PAULET, insérée dans la *Gazette du Bas-Languedoc*, formant environ 26 pages d'impression in-3°, est divisée en 3 parties :

La 1re PARTIE, de 8 pages, est entièrement consacrée à la biographie *de Paulet*, à l'analyse de sa préface, et à faire connaître le but et le mérite de son ouvrage.

La 2e PARTIE de 12 pages, offre quelques considérations générales sur l'industrie de la soie et sur la fabrication des tissus, depuis les temps les plus reculés jusqu'à nos jours : nous essayons d'établir quelques rapprochements entre l'état de cette industrie vers la fin du XVIIIe siècle, époque où vivait Paulet, et l'époque actuelle, où la fabrication des soieries a subi de grands perfectionnements, surtout depuis l'application du mécanisme de *Jacquard*.

Enfin, dans la 3e PARTIE, d'environ 6 pages, nous donnons une analyse synoptique des 7 livres ou *sections*, formant le traité complet de Paulet, et qui porte pour titre : L'ART DU FABRICANT DES ÉTOFFES DE SOIE ; et qui sont décrits dans l'ordre suivant :

1re *section*, dévidage des soies, accompagné de 9 planches ;
2e   —   ourdissage des chaînes.......... 26   —
3e   —   art du plieur 10   —
4e   —   cannetage des trames.......... 6   —
5e   —   art du remisseur 12   —
6e   —   art du fabricant de peignes..... 37   —
7e   —   tissage et ses diverses opérations 90   —

En terminant l'analyse de cet ouvrage, si bien écrit, si somptueusement exécuté, sous le point de vue typographique et artistique; nous exprimons encore le vœu que nous avions déjà émis en 1837 et en 1841, de voir la ville de Nimes reconnaissante rendre un éclatant et public hommage à Paulet, en lui élevant une statue et lui assurant une place sous les voutes de la Maison-Carrée, à côté du peintre *Sigalon*.

(5) Il ne nous appartiendrait pas de venir critiquer les œuvres d'un confrère, la *statistique du Gard* et la *notice supplémentaire sur Paulet* de M. Rivoire. Cependant, sans entrer dans le domaine des personnalités, nous pourrions bien avancer, sans crainte d'être

contredit, que bien certainement, au moment de la publication de ces deux ouvrages, M. Rivoire avait connaissance de nos recherches et de nos travaux sur Paulet de Nimes.

Et en effet, dès 1837, plus de 3 ans avant la publication de la Statistique du Gard ; l'Académie du Gard, la *Gazette du Bas-Languedoc*, la commission de l'Ecole de Fabrication, et diverses autres publications annonçaient nos travaux et nos recherches sur Paulet.

Nous rappelerons encore à M. Rivoire, qu'en 1838, au moment où il adressait à tous les maires et aux premiers fonctionnaires du département des *tableaux de questions à résoudre* : frappé des grandes difficultés attachées aux travaux statistiques, et de l'énormité de la tâche entreprise par un seul homme, qui ne pouvait avoir à la fois les spécialités de l'*Histoire*, de l'*Archéologie*, et de la *Numismatique* ; unies à celles de la *Géologie*, de la *Botanique* et des autres parties de l'*Histoire Naturelle* ; à celles enfin de la *Météréologie*, de la *Médecine*, des *Arts*, du *Commerce*, et de l'*Industrie Agricole et Manufacturière*; nous pensâmes devoir adresser quelques conseils à M. Rivoire, dans une notice intitulée : QUELQUES RÉFLEXIONS SUR UNE STATISTIQUE DU GARD, et qui fut insérée dans la *Gazette du Bas-Languedoc* des 16 septembre et 21 octobre 1838.

Dans cet écrit, nous engagions M. Rivoire à ne pas oublier de citer les auteurs auxquels il serait obligé de faire des emprunts, sans quoi, comme le dit HORACE : « Si une fois les oiseaux venaient à redeman-
« der leurs plumes, la pauvre corneille, dépouillée de ses couleurs
» empruntées, deviendrait la fable et la risée de tout le monde. »
Et nous ajoutions : que si quelqu'un prenait la peine de décomposer l'ouvrage, afin de restituer à chacun ce qui lui aurait été pris, il ne resterait rien ou presque rien de l'écrivain.

Nous terminions en disant : «puisse enfin l'ouvrage de M. Rivoire, bien exécuté, bien relié, *être plus heureux que celui sur le tissage de Paulet, fabricant d'étoffes de soie à Nimes*, puisse-t-il figurer un jour sur les rayons de la bibliothèque de la ville de Nimes ! »

Nous avions, comme on le voit, un pressentiment de ce qui devait arriver plus tard, non-seulement à nous-mêmes mais encore à bien d'autres.

(6) *Conférences scientifiques annuelles du Gard*, première session de 1846, séance du 19 août, page 52 et suivantes.

(7) Ce mémoire porte pour titre : *Encore une de nos célébrités industrielles méridionales négligée* ; il avait été convenu qu'il serait accompagné d'une NOTE RECTIFICATIVE, destinée à constater la décision de l'Académie en notre faveur, afin d'éviter tout équivoque sur les recherches et les travaux sur Paulet.

Cette note, ne figurant pas dans le Recueil académique de 1846, nous avons cru devoir la rétablir, dans un tirage à part de ce mémoire que nous fimes opérer immédiatement, et que nous sommes heureux d'avoir en ce moment, pour prouver la vérité de cette assertion.

Nous avons cru convenable de modifier à l'impression le titre de ce mémoire, et le remplacer par celui de : DENTELLES, TISSUS A

MAILLES ET BRODERIES, qui se trouve plus en rapport avec la généralité des matières qu'il renferme.

Dans la séance de l'Académie du Gard du 4 mars 1848, quelques jours après la Révolution de Février; nous avons essayé de rappeler encore l'attention sur le *malheureux Grégoire*, en réclamant pour lui une place dans l'*hôtel des invalides civils*, que le gouvernement provisoire, dans un moment d'élan philanthropique, avait proposé de créer à Paris, dans le château des Tuileries.

(8) Article 63 du réglement de l'Académie du Gard.

« Aucun mémoire ne peut être inséré au Recueil, s'il n'a été lu
« devant l'Académie.

» L'Académie décide, au scrutin et à la majorité absolue des mem-
» bres présents, quels sont les mémoires et les écrits qui doivent être
» inscrits en entier dans son Recueil, ou seulement par extraits.

» Aucun ouvrage imprimé ne pourra être inséré dans le Recueil
» académique. »

A quoi servent donc les décisions de l'Académie, si on ne doit pas s'y conformer?.... à quoi sert le réglement académique, si on ne doit pas l'observer?....

Quoi qu'il en soit, A LA GARDE DE DIEU! Cependant, si l'Académie du Gard, voulant essayer d'admettre en 1851, contre un de ses membres, un bien déplorable antécédent, voulait se placer plus haut que son réglement qui est sa loi, et au-dessus de ses décisions, qui semblent devoir l'engager irrévocablement; alors nous n'aurions plus rien à dire. *Sit pro ratione voluntas!.... majoritatis!....*

(9) Toutefois, au lieu de blâmer notre malencontreux et maladroit compétiteur, ne devrions-nous pas plutôt le plaindre de s'être laissé entraîner dans une voie aussi fâcheuse, lorsqu'il entreprit la *Statistique* d'un des départements les plus importants de la France sous tous les rapports, et de s'être surtout donné tant de peines pour recueillir de toutes parts des renseignements si divers; d'avoir encore fatigué, torturé son intelligence pour réunir, pour assembler des matériaux si disparates, dans un plan si difficilement conçu, si péniblement élaboré, mais cependant, il est juste de le dire, si admirablement exécuté sous le point de vue typographique.

Mais à quoi bon tant de peines, tant de travaux, tant de frais, pour mécontenter tout le monde, et arriver enfin à un pareil résultat?.... Le vain bruit peut-être, d'une *réputation* incertaine, le bourdonnement trompeur d'une *renommée* passagère!......

ACADÉMIE DU GARD,

Séances des 1er et 15 février 1851.

II

> Ceux qui sont capables d'inventer sont
> rares; ceux qui n'inventent pas sont
> en très-grand nombre et , dès-lors,
> les plus forts.
>
> PASCAL.

MESSIEURS ,

« Si j'avais moins d'estime pour l'Académie du Gard, à laquelle j'ai l'honneur d'appartenir aujourd'hui comme membre
résidant, bien certainement j'aurais laissé passer tout cela
inaperçu, et n'aurais pas autant tenu à la NOTE RECTIFICATIVE
que je demande, comme seul moyen de réparer d'une manière
convenable l'erreur commise à mon préjudice , et d'éviter à
l'avenir tout équivoque, relativement aux travaux et aux études sur Paulet. (1)

» Mais j'ai dû croire que l'Académie elle-même était intéressée à ce que personne, dans son sein , ne pût jamais être
exposé à se voir dépouiller du fruit de son travail et, à plus
forte raison encore, par un confrère.

» Aussi, croyez-le bien, Messieurs, ce n'est pas là, bien certainement, pour moi, une affaire d'amour-propre, de suscepti-
bilité , ou de gloriole d'auteur, mais bien plutôt une question
de *grande moralité littéraire* , et surtout de *haute convenance
académique.*

» Et, en effet, n'est-il pas d'usage reçu parmi les écrivains
de tous les temps, de tous les pays, qui se respectent et qui
respectent la propriété littéraire, de rappeler d'une manière
plus ou moins convenable le nom des personnes qui les ont
aidés dans leurs travaux , ou dans les ouvrages desquels ils
ont cru devoir faire des emprunts (2).

» N'est-il pas admis aussi dans toutes les sociétés savantes,
dans toutes les académies, que lorsqu'un des membres de

cette académie, de cette société, a traité un sujet, d'une manière spéciale surtout, les autres membres, non-seulement ne touchent pas au sujet qui a été traité par leur confrère, mais encore font tous leurs efforts pour empêcher les *compilateurs* et les *plagiaires* de s'en emparer.

» Il ne me serait pas bien difficile de prouver, jusqu'à l'évidence, que ces deux règles si essentielles des lois littéraires et académiques ont été violées à mon égard.

» Car, si on admet la vérité de cette pensée d'un de nos célèbres moralistes que , *bien choisir c'est presque inventer :*

» L'heureuse idée que j'ai eue de choisir pour sujet de mémoire à l'Académie du Gard, d'essayer de mettre en lumière une célébrité industrielle oubliée depuis longtemps dans le pays même auquel elle semblait avoir consacré ses veilles; les recherches auxquelles je me suis livré à cet égard, et l'analyse que j'ai faite, non-seulement de la préface, mais encore de tout le traité sur l'industrie de la soie et le tissage de PAULET ; les rapprochements encore que j'ai pu faire , les comparaisons que j'ai pu établir entre les anciennes et les nouvelles méthodes de fabrication, le jugement que j'ai pu porter sur le mérite réel de cet ouvrage , et les vœux d'une prompte rémunération que j'ai cru devoir solliciter en faveur de l'auteur ;

» Enfin, tous les documents que j'ai publiés à cet égard, les citations même que j'ai cru devoir choisir de préférence dans ce qu'il y avait de mieux dans ce volumineux ouvrage de 1300 pages grand *in-folio* ; joints aux idées, aux pensées, aux réflexions que j'ai pu émettre à ce sujet : Tout cela, enfin, ne pourrait-il pas à la rigueur être considéré comme une *propriété littéraire*, non-seulement pour moi, mais encore pour l'Académie elle-même , à qui j'avais offert en 1837 et en 1841 l'initiative et les prémices de ces travaux.

» L'Académie du Gard, comme on le voit, serait donc, aussi bien que moi, intéressée dans la question, et sa conduite, dans cette circonstance, serait bien difficile à expliquer (3).

» De quel droit un *compilateur étranger* viendrait-il s'emparer de mon sujet, de mes idées, de mes citations, de mes conclusions, du jugement enfin que j'aurais pu porter sur l'ouvrage de PAULET, sans se donner même la peine de mettre des *guillemets*, ou de faire connaître les sources où il aurait puisé? Et que serait-ce, si ce *compilateur*, au lieu d'être un étranger, était un des chefs de division de l'administration départementale du Gard, sans connaissances spéciales industrielles et commerciales aucunes, qui, non content d'essayer de me ravir le mérite de l'initiative et du choix du sujet, viendrait encore reproduire, paraphraser, amplifier, torturer, dénaturer enfin tout mon travail, par des commentaires absurdes, par des assertions dénuées de fondement?

» De quel droit ce chef de division, devenu mon confrère, viendrait-il encore, quelques années après, dans des *conférences scientifiques*, au sein même de l'*Académie du Gard*, dans une *espèce de glorification* enthousiaste, essayer d'INSINUER, qu'à lui seul semblerait devoir appartenir le mérite de l'initiative des recherches sur *Paulet*, dont il aurait, dit-il, analysé l'ouvrage d'une manière toute particulière, toute spéciale, et viendrait-il réclamer enfin pour lui, auprès des habitants de Nimes et du département du Gard, une éclatante rémunération publique (1) ?

» De quel droit, enfin, au mépris de toutes convenances académiques et littéraires, au mépris même de la chose jugée, et qui semblait avoir été irrévocablement arrêtée en 1816, par l'Académie elle-même, viendrait-on imposer au *Recueil académique* de 1830 la Notice sur *Paulet* de M. Rivoire? Si c'est parce que M. Rivoire occupait le fauteuil présidentiel de l'Académie pour 1830, l'Académie changeant chaque année de président, je n'ai plus rien à dire!...

» Quoiqu'il en soit, A LA GARDE DE DIEU! C'est une affaire faite et sur laquelle il n'est pas possible de revenir; sans doute, la Providence, qui règle les événements bons ou mauvais, a permis qu'il en fût ainsi; dès-lors, je n'ai plus rien à faire, il faut en prendre son parti. Bien loin d'en vouloir à M. Rivoire et à l'Académie du Gard, je n'ai maintenant qu'à les remercier de m'avoir fourni encore aujourd'hui, comme en 1816, une occasion de pouvoir venir revendiquer, mais d'une manière bien plus efficace, bien plus décisive et plus péremptoire, la priorité de mes recherches et de mes travaux sur Paulet, et de m'avoir procuré, par les nouvelles recherches que j'ai été obligé de faire, les motifs d'un nouveau sujet à traiter.

» Je profiterai, toutefois, de cette circonstance pour faire remarquer le danger de voir imprimer et circuler dans le public des documents historiques, statistiques et industriels incomplets, tronqués, souvent même inexacts ; dépourvus surtout de cette spécialité qui en fait toujours le principal mérite, et destinés à dénaturer et à embrouiller, plutôt qu'à élucider les éléments déjà si confus, si incertains de notre histoire, et surtout de notre histoire industrielle et commerciale moderne; et combien il est déplorable enfin de voir ces documents paraître, revêtus d'une certaine approbation, couverts d'un certain caractère officiel, ceux de l'Académie du Gard.

» Mais heureusement pour moi, par un hasard providentiel, les essais, les études sur Paulet, auxquels je m'étais livré, qui en 1837 avaient pris naissance dans le sein de l'Académie du Gard, qui avaient été continués encore en 1816, devaient venir se terminer en 1831 dans cette même Acadé-

mie, en me permettant de revendiquer, d'une manière définitive, une propriété dont on avait cherché à me dépouiller,
en me fournissant en même temps une occasion favorable de
vous présenter un complément d'observations, fruit de nouvelles recherches, auxquelles je me suis livré, sur un sujet
non moins digne de mériter votre intérêt, de captiver votre
attention.

» Dans le nouveau mémoire que je me propose de mettre
sous vos yeux, et qui servira à payer le tribut annuel auquel
chaque membre est assujetti, aux termes de l'article 63 de
votre réglement ; j'essaierai de vous faire connaître combien
souvent sont exagérés, ou éloignés de la vérité, la plupart
des éléments de notre histoire industrielle et commerciale
moderne ; et j'essaierai aussi de vous démontrer par des
exemples frappants, choisis dans une époque très-rapprochée
de la nôtre, combien souvent est bizarre, éventuelle, tardive ; combien plus souvent encore est soumise aux passions
jalouses ou haineuses des hommes, et quelquefois aussi,
combien est injuste ou peu méritée, cette reconnaissance,
cette rémunération publique, dans la distribution de leurs
faveurs et de leurs récompenses, aux personnes qu'ont consacré ou semblé consacrer leurs veilles à des découvertes
utiles à l'humanité, ou dont les travaux, enfin, ont paru plus
ou moins contribuer au développement des sciences, des arts,
du commerce et de l'industrie.

J'essayerai encore de signaler les graves erreurs qui se
sont glissées dans l'histoire si récente de la découverte du
mécanisme de JACQUARD, et dans ses rapports avec les disser-
tations de PAULET et les travaux de VAUCANSON. (6)

» J'essaierai, enfin, s'il est possible, de montrer le
revers de la médaille, portant pour devise le SIC VOS NON VO-
BIS, et le TULIT ALTER de *Virgile*, qui, mis en rapport avec mon
sujet, pourraient bien s'interpréter par ces mots :

« Non, ce n'est pas vous, modestes auteurs, industrieux
» ouvriers, adroits mécaniciens ; non, ce n'est pas vous, ha-
» biles manufacturiers, ingénieux inventeurs, qui recueille-
» rez le fruit de vos longs, pénibles et consciencieux travaux :
» d'adroits compilateurs, d'infatigables imitateurs, à l'affût
» de vos idées, à la piste de vos procédés, de vos décou-
» vertes, exploiteront avec succès les résultats que vous au-
» rez obtenus avec tant de peine. »

« Mais, puisque dans la Notice sur Paulet de M. Rivoire,
qui figure dans le volume des Mémoires de l'Académie de
1850, on a prononcé le nom de *l'incomparable*, de *l'immortel*
VAUCANSON, et qu'on l'a placé à côté de celui *du savant et la-
borieux* PAULET, à côté, enfin, de celui *de l'intelligent et malheu-*

reux JACQUARD, trois noms bien certainement célèbres dans les fastes de notre histoire industrielle moderne ; mais à des dégrés bien différents, et qu'on a essayé de vouloir les mettre en PARALLÈLE ; essayons aussi, à notre tour, d'apporter le tribut de nos faibles lumières, pour l'examen de cette importante question. C'est ce qui formera donc le sujet du mémoire que nous aurons l'honneur de présenter, dans une des séances académiques de 1851.

Si M. *Rivoire*, qui paraît si bien renseigné sur ces trois illustrations industrielles, veut aussi payer son tribut académique annuel en traitant le même sujet, nous le verrons avec le plus grand bonheur, et l'académie, au travail, bien certainement ne tardera pas à reconnaître l'ouvrier. (7)

Notes Explicatives et Justificatives.

(1) Voici dans quels termes était conçue la NOTE RECTIFICATIVE qui devait être insérée dans le *Recueil académique* de 1846, en tête du mémoire sur GRÉGOIRE, et que nous avons cru devoir rétablir dans un tirage à part de ce mémoire, que nous avons fait opérer immédiatement.

« Dans la séance du 12 décembre 1846, M. Hedde a rappelé ses
» recherches et ses travaux sur le célèbre PAULET DE NIMES, au-
» teur du grand ouvrage intitulé : *L'art du fabricant des étoffes*
» *de soie*, et il a revendiqué une priorité incontestablement ac-
» quise par deux mémoires sur Paulet, présentés en 1837 et en
» 1841 à l'académie du Gard, et par quatre articles très étendus,
» insérés le 25 avril, les 2 et 30 mai et le 3 octobre 1841, dans la
» *Gazette du Bas-Languedoc.*

» Le même journal, dans son numéro du 3 janvier 1847, a in-
» séré un mémoire de M. Hedde et ses réclamations à cet égard. »

Enfin, le même mémoire et les mêmes réclamations sont encore consignés dans un autre journal de Nimes, le *Nemausus*, du 11 avril 1847.

Après des réclamations aussi précises qui, en 1846, ont eu une si grande publicité et qui n'ont donné lieu à aucune réponse, ni de la part de l'académie, ni de la part de M. Rivoire ; après les nouvelles réclamations que nous venons encore de faire en 1851 consignées dans la *Gazette du Bas-Languedoc*, et dans cet écrit, et qui n'ont soulevé jusqu'à présent aucune objection ; car nous avons la conscience de croire que nous ne nous sommes pas écarté de la vérité ; après tout cela, nous sommes fondé à penser que l'académie ne peut se refuser à admettre d'une manière définitive la priorité qu'elle nous avait accordée en 1846, et à insérer une NOTE RECTIFICATIVE convenable, dans son prochain *Recueil académique* de 1851.

(2) L'auteur des spirituelles *Lettres sur le Gard*, M. Roux-Ferrand, n'a pas agi à notre égard comme M. Rivoire, il n'a pas hésité à nous attribuer quelques documents sur le commerce et sur l'industrie manufacturière du département du Gard, qu'il avait bien voulu emprunter à quelques opuscules que nous avions publiés vers 1835.

M. Rivoire, bien certainement, n'est spécial, ni sur les matières industrielles et commerciales, ni sur la presque généralité des matières qu'il a traitées dans sa *Statistique du Gard*, il n'eût pas diminué, bien au contraire, le mérite réel de son œuvre en insérant textuellement les renseignements qu'il aurait pu trouver à sa convenance, et dont il fallait seulement indiquer les sources, au lieu de les cacher quelquefois comme il l'a fait, ou d'essayer même, quelquefois aussi, de s'attribuer ces emprunts.

Quelques remaniements de matières, quelques nouveaux tours de phrases ont bien pu, pendant quelque temps, dérober ces larcins au lecteur peu attentif, peu spécial sur ces sortes de matières; mais le véritable auteur, comme nous, n'a pas tardé à retrouver le fruit de ses veilles, et, comme nous, n'a pas hésité à venir le réclamer au *compilateur maladroit*.

Si M. Rivoire nous eût témoigné le désir de faire figurer dans sa statistique quelques-uns des documents que nous avions publiés sur le commerce et l'industrie manufacturière, nous nous serions empressé de les lui donner; nous eussions fait de même pour la *notice complémentaire sur Paulet*, qu'il a publiée en 1846, et nous eussions été heureux d'avoir pu contribuer de cette manière à la perfection d'ouvrages aussi importants, aussi utiles pour le département du Gard.

(3) N'aurait-il pas été plus simple, plus équitable; plus convenable, qu'après avoir reconnu l'erreur on essayât de la réparer de suite, en plaçant un ERRATA à la fin du volume de 1850. Tout le monde ne peut-il pas se tromper? Avouer ses torts, les réparer, n'est-ce pas faire preuve de bon sens? Si l'académie eût agi de cette manière à notre égard, elle nous eût évité le désagrément de venir formuler aujourd'hui de pareilles réclamations.

(4) INSISTER, c'est le mot. Cette *insinuation* n'est pas difficile à reconnaître, lorsqu'on a lu les divers comptes-rendus par les journaux de la localité de la *notice sur Paulet*, que M. Rivoire avait présentée en 1846 à l'Académie et aux conférences scientifiques du Gard.

Voici, entre autres, que nous pourrions citer à l'appui de cette assertion, ce que dit à ce sujet, un des journaux de Nimes du 17 novembre 1846.

« Deux fois, dans le courant de l'année 1846, le nom de *Paulet* a
» été mis en lumière, et recommandé par deux corps savants à la
» reconnaissance publique : l'*Académie du Gard*, dans sa séance du
» 18 avril 1846, et les membres présents aux *conférences scientifi-*
» *ques*, dans leur session d'août 1846, ont émis le vœu qu'un mo-
» nument public et durable fût consacré à la mémoire de notre illus-
» tre concitoyen, dont les efforts soutenus ont perfectionné l'indus-
» trie principale de la ville de Nimes.

« M. *Rivoire*, membre de l'Académie du Gard, a, dans ces deux
» circonstances, PRIS L'INITIATIVE, pour demander en faveur de Pau-
» let une éclatante rémunération. Il a développé dans un mémoire
» plein d'intérêt, les améliorations introduites par les travaux de
» Paulet dans la fabrication des soieries, et en particulier dans son
» *traité du fabricant des étoffes de soie*, ouvrage traduit (*traduit,*
» *pas bien sûr*) et répandu en Angleterre; il a révélé, par L'ANALYSE
» DÉTAILLÉE de ses ouvrages, la part immense qu'occupent les décou-
» vertes de Paulet dans les nouveaux procédés de tissage. »

(5) Sentinelle avancée, dans le département du Gard, du progrès,
de la civilisation et de la liberté de la, presse dans les limites de la
vertu, de la vérité et de la justice; *l'académie du Gard* ne prendra
pas en mauvaise part, nous l'espérons, les RÉFLEXIONS renfermées
dans cet opuscule.

Ces réflexions étant à-peu-près les mêmes que celles que nous
avions cru devoir lui adresser dans une circonstance à-peu-près
semblable, et qui furent insérées dans la *Gazette du Bas-Languedoc* du 3 janvier 1847, nous avons dû présumer, qu'en 1851, nous
pouvions bien répéter sans inconvénient ce que nous avions dit en
1847, en y ajoutant seulement quelques *notes explicatives*, et les
faits qui se rattachent à l'insertion de la notice de M. Rivoire sur
Paulet, dans le volume académique de 1850

Si, contre notre attente, il en était autrement, nous en serions
bien fâchés, mais à qui la faute?......

(6) Nous avons connu JACQUARD à Lyon, au moment où sa machi-
ne décriée par les fabricants et par les ouvriers commençait à être
remplacée par les machines plus légères et plus perfectionnées de
Skola et de *Breton*.

Jacquard nous avait permis d'assister aux divers essais qu'il faisait
alors pour remédier aux défectuosités de son métier, et de l'accom-
pagner lorsqu'il allait visiter ses ouvriers. Jacquard qui avait beaucoup vu, beaucoup observé, nous parlait souvent de PAULET DE
NIMES, qu'il avait connu à l'époque où il s'occupait de la publication de son traité sur le tissage, et de son *métier à une seule marche*,
destiné à remplacer le tireur de lacs, dans la fabrication des tissus
façonnés, problème que Jacquard avait résolu lui-même quelques
années après.

(7) Dans une lettre qu'il a fait insérer dans la *Gazette du Bas-
Languedoc* du 8 mars 1851, M. *Rivoire* ne répond que par des
subterfuges et des allégations dénuées de fondement aux faits que
nous avons avancés contre lui, et que nous maintenons, comme étant
l'expression de la plus exacte vérité; M. Rivoire semble vouloir refuser la proposition que nous lui avons faite de traiter avec nous le
parallèle de Vaucanson, de Paulet et de Jacquard.

Quoi qu'il en soit, remercions la Providence qui a bien voulu
nous fournir tant de moyens de nous défendre, et disons, en terminant, une fois pour toutes : Si M. *Rivoire*, comme on le voit, ne
peut aujourd'hui payer son tribut, ne peut être utile à la science
industrielle et commerciale, sur laquelle, il a cependant tant écrit
en 1812 et 1816, c'est que cette spécialité lui était alors, comme
elle lui est encore aujourd'hui, entièrement étrangère!...

9 782019 726096